Título original: *Che Capolavoro!*

Primera edición en 2018 por Carthusia Edizioni
via Caradosso 10, 20123 Milano
© 2018, Carthusia Edizioni
© 2019, de esta edición, Combel Editorial, SA
Casp, 79 – 08013 Barcelona

Idea e ilustraciones: Riccardo Guasco
Maquetación y adaptación del diseño de las páginas finales:
Stefano Puddu

Primera edición: febrero de 2019
ISBN: 978-84-9101-476-8
Depósito legal: B-26553-2018

Printed in Spain
Impreso en Índice
Fluvià, 81-87 – 08019 Barcelona

Riccardo Guasco

¡QUÉ OBRA MAESTRA!

COMBEL

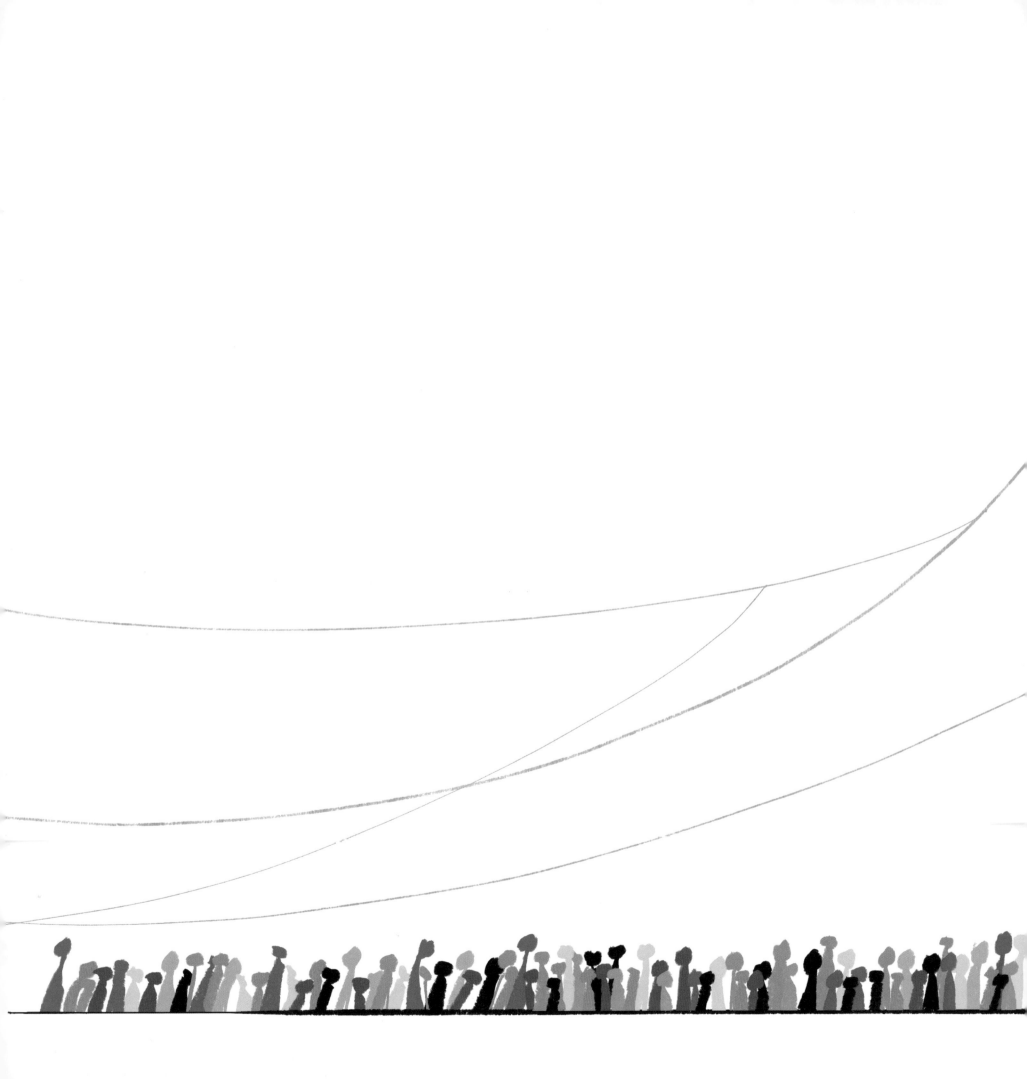

UN RECORRIDO POR EL ARTE

Este libro nos cuenta un viaje fascinante a través de obras fundamentales del arte europeo. Las palabras tienes que ponerlas tú, pero nosotros también te proponemos aquí una pequeña guía para orientarte en la aventura.

1

Qué mejor manera de emprender una aventura que a caballo de un delfín de colores alegres como el de *Nana y delfín* de **Niki de Saint Phalle**. ¿A punto?

2

La ciudad aún duerme y despuntan las primeras luces del día sobre la *Periferia* de **Mario Sironi** y la *Composición urbana con ventanas amarillas* de **Paul Klee**. **Van Gogh** ya nos guiña un ojo. ¿Pasar página?

3

Alguien sueña con *La noche estrellada* en la cama de *La habitación de **Van Gogh** en Arles*, rodeado de cuadros en las paredes. ¡También hay uno de **Gauguin**!

4

¡Rriiing! El sonido del despertador lo empuja a levantarse. Al salir de los sueños, el tiempo parece tener una consistencia blanda, como los relojes de **Salvador Dalí** en *La persistencia de la memoria*.

5

La luz que entra por una ventana evoca una *Composición* de **Mondrian**; la sombra proyectada se alarga sobre la pared como *El hombre que camina* de **Giacometti**. Entra en el baño, y si te fijas bien, reconocerás la *Fuente* de **Duchamp**.

6

El despertar de la mañana es un vértigo de prisa y correteos, arriba y abajo por puertas y escaleras, como en la *Relatividad* de **Escher**. De hecho todo es relativo..., ¡mientras llegue a tiempo para desayunar!

7

¡Y qué hambre! La mesa está puesta como una *Naturaleza muerta* de **Morandi**; la cafetera y el exprimidor son joyas del diseño, y vemos una madre y un padre que parecen salidos de un **Modigliani** y un **Magritte**... ¡Buenos días, familia!

8-9

Junto a una farola que imita un póster de **El Lissitzky**, se despide de su madre. Cruza una calle llena de edificios singulares: la *Torre Eiffel* de París, la *Torre inclinada* de Pisa, el *Atomium* de Bruselas, el *Parlamento* de Berlín, bien envuelto por **Christo** y **Jeanne-Claude**…

El tranvía tiene un destino enigmático: la fórmula de la *Teoría de la relatividad*, de **Einstein**. Pero ¿qué lugar es ese? La respuesta quizá la sepan *Las musas inquietantes* de **De Chirico**. Un corazón rojo se le ha escapado volando a la *Niña del globo* del grafitero **Bansky**. ¡A ver quién lo encuentra ahora!

10

Se abren las puertas y cruza el paso cebra como los **Beatles** en la carátula de *Abbey Road*. Hoy bajo la atenta vigilancia de una urbana muy particular: la *Venus de Milo*. ¿Qué saca de la mochila? Parece una tela… ¡Qué bosque más tenebroso! Se horroriza con una mueca que recuerda a *El grito* de **Munch**.

11

Pero este bosque de luz y sombras no debe darnos miedo. Si lo atravesamos como un personaje más de *La primavera* de **Sandro Botticelli**, saldremos renovados, inspirados para…

12

… ¡CREAR!

Y si sigues tu camino creativo, en solitario, ¡verás que en realidad no estás solo!

13

Por suerte el mundo está lleno de apasionados por la belleza. ¿Y tú? ¿Estás a punto para hacer tu aportación a la gran obra maestra del arte?

14

Pablo Picasso, *La alegría de vivir*, 1946

Te animamos a amar el arte y a expresar el mundo a tu manera. Es un regalo que harás a los demás y, sobre todo, ¡a ti mismo!

DESCUBRE EL ARTISTA

A través de la recreación que ha hecho Riccardo Guasco, el autor del libro, en este volumen has descubierto muchas obras de arte que forman parte de nuestro patrimonio cultural. Algunas quizá las conocías, otras las has visto por primera vez. Relaciona cada una de estas imágenes con el artista y la obra que le han inspirado. ¡Trata de no mirar las soluciones!

1

A Piet Mondrian
Composición nº 3 con blanco y amarillo, 1935-42

B Josef Albers
Homenaje al cuadrado, 1962

2

A Giuseppe Arcimboldo
Retrato del emperador Rodolfo II como Vertumno, 1590

B René Magritte
El hijo del hombre, 1964

3

A Marc Chagall
El concierto, 1957

B Vincent van Gogh
La noche estrellada, 1889

4

A Paul Gauguin
Mujeres de Tahití (En la playa), 1891

B Édouard Manet
Almuerzo sobre la hierba, 1863

5

A Antonio Ligabue
Autorretrato con la bufanda roja, 1956

B Vincent van Gogh
Autorretrato con la oreja vendada, 1889

6

A Paul Klee
Composición urbana con ventanas amarillas, 1919

B Johannes Itten
Horizontal Vertical, 1915

7

A Christo y Jeanne-Claude
Reichstag, 1995

B Giuseppe Sanmartino
Cristo velado, 1753

8

A Bruno Munari
Hora X, 1945

B Salvador Dalí
La persistencia de la memoria, 1931

9

A Edvard Munch
El grito, 1893

B Egon Schiele
Autorretrato con alquequenje, 1912

10

A Vincent van Gogh
La habitación de Van Gogh en Arles, 1889

B Henri Matisse
Armonía en rojo, 1908

11

A Maurizio Cattelan
América, 2016

B Marcel Duchamp
Fuente, 1917

12

A Henri Rousseau
Bosque tropical con monos, 1910

B Pablo Picasso
La alegría de vivir, 1946

13

A Maurits Cornelis Escher
Relatividad, 1953

B Antonello da Messina
San Jerónimo en su estudio, hacia 1475

14

A Renzo Piano y Richard Rogers
Centro Pompidou, 1977

B André Waterkeyn
Atomium, 1958

15

A **Mario Sironi**
Periferia, 1922

B **Paul Cézanne**
Vista del pueblo de Gardanne, 1886

16

A **Philippe Starck**
Exprimidor *Juicy Salif*, 1990

B **Vico Magistretti**
Lámpara *Eclisse*, 1967

17

A **The Who**
Tommy, 1969

B **The Beatles**
Abbey Road, 1969

18

A **El Lissitzky**
Blanco con cuña roja, 1919

B **László Moholy-Nagy**
Composición A XXI, 1925

19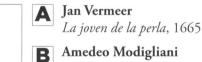

A **Berthe Morisot**
Dos jóvenes, hacia 1894

B **Giorgio De Chirico**
Las musas inquietantes, 1918

20

A **Jan Vermeer**
La joven de la perla, 1665

B **Amedeo Modigliani**
Retrato de Jeanne Hébuterne, 1917

21

A **Bonanno Pisano**
y Giovanni di Simone
Torre de Pisa, 1357

B **Jean Nouvel**
Torre Glòries, 2005

22

A **Carlo Carrà**
Naturaleza muerta con escuadra, 1917

B **Giorgio Morandi**
Naturaleza muerta, 1952

23

A **Albert Einstein**
Teoría de la relatividad, 1915

B **Pitágoras**
Teorema de Pitágoras, siglo VI a. C.

24

A **Niki de Saint Phalle**
Nana y delfín, 1994

B **Artista anónimo**
Venus de Willendorf, 28 000 – 26 000 a. C.

25

A **Sandro Botticelli**
La primavera, 1482

B **Pieter Paul Rubens**
El juicio de Paris, 1638-39

26

A **Umberto Boccioni**
Formas únicas de continuidad en el espacio, 1913

B **Alberto Giacometti**
El hombre que camina, 1961

27

A **Banksy**
Balloon girl, 2002

B **Mr. Brainwash**
Celebration, 2012

28

A **Marcello Nizzoli**
Máquina de coser *Mirella*, 1957

B **Alfonso Bialetti**
Cafetera *Moka*, 1933

29

A **Gio Ponti**
Torre Littoria, 1933

B **Gustave Eiffel**
Torre Eiffel, 1889

30

A **Alejandro de Antioquía**
Venus de Milo, 130 a. C.

B **Michelangelo Buonarroti**
David, 1504

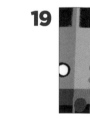

¡Y AHORA TE TOCA A TI!

Elige una obra que conozcas o que hayas descubierto en este libro y, como ha hecho Riccardo Guasco, ¡que te sirva de inspiración para realizar tu obra maestra!